Anne Geelhaar

Das Murmeltier und der Bär

Ein Märchen
aus dem Hochgebirge
Illustrationen
Martha-Luise Gubig

Verlag Junge Welt
Berlin

Murmela träumte, sie weide in frischem Gras und Klee. Sie ruckte, zuckte, reckte, streckte sich.

Sie schlug die Augen auf. Ob schon Frühling ist? dachte sie.

In dem geräumigen, eirunden Schlafsaal unter dem Geröllfeld war es dunkel. Dicht gedrängt nebeneinander lagen die Brüder und Schwestern und schliefen.

Murmela wußte es. Fühlte den leichten, kaum hörbaren Atem der anderen.

Doch dann bewegten sie sich. Sacht, ganz sacht. Und sie versuchten, sich aus der Starre des monatelangen Schlafes zu lösen.

Ist der Winter vorbei? fragte es hier und dort.

Sehen wir mal nach!

Murmela erhob sich. Sie war erfahren und kräftig.

Wir schaufeln die Wege zu den Ausgängen frei, rief sie und fing an, im Hauptkorridor zu graben.

Es war eine harte Arbeit.

Lehm, Heu und Steine, mit denen sie im Herbst den gut anderthalb Meter langen Tunnel ausgefüllt hatten, waren zu festem

Mauerwerk geworden. Das mußte nun entfernt und hinausgestoßen werden.

Murmela grub mit der rechten Vorderpfote und schleuderte mit den Hinterbeinen den Schutt weg. Grub, wühlte, warf und schob dann mit dem Hinterteil das ausgegrabene Mauerwerk in einen Seitengang.

Inzwischen wurden auch die anderen richtig munter und arbeiteten mit.

Nacheinander verließen sie den Bau.

Sie schüttelten sich den Sand aus dem Pelz. Setzten sich auf die hinteren Beine und ließen die vorderen hängen.

Wie sah die Welt aus!

Wo waren die Matten, die Wälder, die Täler?

Wolken wallten milchiggrau um den mehr als zweitausend Meter hohen Berg, der nur noch mit seiner weißen Mütze daraus hervorguckte.

Schnee bedeckte die Felsen; und der Wind, der hier auf der einsamen Höhe niemals zur Ruhe kam, wehte eisig.

Hu, ist das noch kalt!

Die Murmeltiere schlüpften zurück in ihren Bau.

Bei dem spärlichen Licht in der Höhle erkannte kaum einer den anderen. Sie bemerkten nicht, was für elende, magere Gestalten sie während des Winterschlafes geworden waren.

Mich hungert so...

Mein Magen knurrt...

Essen... ich muß etwas essen...

Sie wagten sich wieder ins Freie. Taumelten, schwankten vorwärts, um Speise, irgendeine Speise zu suchen.

Langsam wich die Starre des Winters aus ihren Gliedern. Wir müssen etwas finden – und wenn es nur ein Grashalm ist, ein Faserchen Moos oder Flechte, sagten sie sich und strebten weiter. Immer weiter.

Fünf, zehn, fünfzig, ja hundert Meter mochten sie gewandert sein, als Murmela rief: Ich sehe was!

Alpenglöckchen
(Sodanellen)
Frühlings-Enzian

Kuhschelle
(Frühlingsanemone)
Alpenrose

Grünblau rann Wasser von einem Stein, und unter dem Rinnsal – was zeigte sich dort? Graues, von Eis und Schnee befreites Gras. Gras vom vorigen Jahr!

Die Murmeltiere begannen zu zupfen, zu rupfen und zu mahlzeiten. Zwar war der Tisch kärglich gedeckt, aber wer kann denn viel essen, wenn er so lange gefastet hat?

Am anderen Morgen begaben sie sich erneut auf den Weg. War er nicht diesmal schon kürzer, war nicht die Speise, die sie entdeckten, etwas reichlicher?

Von nun an wanderten sie jeden Tag.

Manchmal blinkte ein Stückchen Himmel durch die Wolken. Ja, sie erlebten Stunden, in denen der weiße Gipfel des Berges ins Blaue ragte und rund und golden die wärmende Sonne auf sie herabschien.

Unzählige Brünnlein flossen, stäubten wie Perlen von vorspringenden Felsen. Und immer mehr Schnee schmolz.

An seinen Rändern, gleich hinter dem Weißen, blühten dunkellila Soldanellen und zartviolette Anemonen.

Schon guckten immergrüne Zwergbäumchen aus dem Schnee.

Schon grünten die Matten, schimmerte es rosenrot in dem Sträucherwald, der sie hier und da säumte.

Schöner und schöner wurde die Welt.

Als webe und sticke ein Zauberer Teppiche für das graue Geröll, wuchsen dort Polsterbänkchen aus Moos und Blumen, weinrot und rosa, weiß, goldgelb, himmelblau und dunkelblau.

Die Murmeltiere brauchten sich nicht mehr mit dem Gras vom vorigen Jahr zu begnügen. Sie fanden, was ihnen schmeckte: saftige Gräser, Kräuter und Klee.

Sie wurden munter und lustig. Tummelten sich und aßen nach Herzenslust. Nur wenn der große braune Bär seine Felsenhöhle verließ, um bergab in den Wald zu traben, pfiffen sie aufgeregt: Achtung! Versteckt euch!

Und alle verschwanden.

Eines Tages jedoch schien der größte Hunger der Murmeltiere

gestillt. Sie spielten, ohrfeigten, balgten sich – bis die Paare sich fanden, sich liebten und Hochzeit hielten.

Fünf Wochen später dann wurde Murmelas Kind geboren. Eigentlich waren es zwei gewesen, aber nur eins lebte. Und weil es mitten im Mai war, nannten sie es Maikind.

Liebevoll leckte die Mutter es rein. Bot ihm die Zitzen und säugte es. Putzte und behütete es zärtlich.

Maikind gedieh.

Als Murmela es zum ersten Male ausführte, stand die Sonne, ein goldener Ball, hoch und heiß in dem reinblauen Himmelszelt.

Die Geröllfelder, ein paar Schneemulden und -inselchen ausgenommen, leuchteten bunt, die Matten smaragdgrün. Und zwischen den Gräsern blühten Windröschen, Gelbveilchen, Maßliebchen, Kreuzblumen und Silberdisteln, Bergnelkwurz und niedriger Enzian.

Maikind setzte sich vor die Tür. Kerzengerade, den Schwanz vom Leib gebogen. Ließ seine Vorderbeine baumeln und blickte sich aufmerksam um.

Ein hübsches Murmeltier, flüsterten Blumen und Gräser im sanft gewordenen Wind.

Auch Mutter Murmela betrachtete Maikind mit Wohlgefallen – seinen graubraunen Pelz mit dem rostroten Streifen auf dem Rücken, seinen buschigen schwarzen Schwanz und die großen Augen in dem dunklen Köpfchen.

Mein Kind ist das schönste der Welt. Nichts anderes konnte Murmela in diesem Augenblick denken.

Maikind wußte nicht, wie es aussah. Es schaute und schaute und ging, die Welt zu erkunden.

Ich heiße Maikind. Und wer bist du? fragte es die lila Soldanelle zu seinen Füßen.

Ich bin das Bergglöckchen. Ich läute den Frühling im Hochgebirge ein. Ich wache auf, sowie der Schnee schmilzt.

Und ich blühe manchmal sogar noch im Winter, rief die rosige Schneeheide aus.

Guten Tag! – Maikind drehte sich nach allen Seiten.

Blumen, unzählige Blumen nickten ihm zu.

Ich ... ich bin auch ein Frühlingskind, flüsterte schüchtern das goldfarbene Aurikelchen.

Wir etwa nicht? Das Täschelkraut klapperte mit allen Taschen; und der Steinbrech sagte: Wir ziehen durchs Geröll. Wir fürchten weder Wind noch Wetter.

Ich auch nicht, sprach das Zwergleimkraut.

Aber so mutig wie ich... wer ist so mutig wie ich? posaunte der Himmelsherold vom hohen Felsen herab.

Ja. Mutig ist er. – Und schön wie der wolkenlose Himmel, meinten die gelbe Bergranunkel und der tiefblaue, stengellose Enzian.

Maikind lief von einem zum andern.

Ihr gefallt mir. Alle miteinander. Aber – warum seid ihr so klein?

Wir haben wenig Zeit zum Wachsen. – Wir halten uns an der Erde fest, die uns schützt und wärmt. Denn du mußt wissen:

Wir kämpfen, kämpfen immerfort um unser Dasein, sprachen sie.

Warum? wollte Maikind wissen.

Weil es bei uns auf dem Berg beinahe das ganze Jahr hindurch kalt ist und der Wind, der heute so lieblich daherkommt, meistens heult und tobt.

Ist denn nicht immer Mai?

Leider nicht. Frühling und Sommer fallen hier auf der Höhe zusammen und sind sehr kurz.

Und woher habt ihr die herrlichen Farben?

Die schenkt uns die Sonne. Ihr Licht eilt bei der Reise zur Erde auf kürzestem Weg zu uns. Sie schickt uns die heißesten Strahlen und gibt uns Kraft, schnell zu erblühen, zu duften und zu leuchten.

Und wo wohnt die Sonne, wenn kein Frühling ist?

Am gleichen Ort. Aber wir sehen sie nicht, weil Wolken, Nebel und Schnee sie vor uns verbergen.

Oh, das tut mir leid, bedauerte Maikind.

Kein Grund zum Traurigsein, sprach die Aurikel; und der Himmelsherold verkündete: Wir nutzen unsere Zeit. Wir freuen uns des Lebens. Wir blühen. Vom ersten bis zum letzten Tag unseres Berg-Frühlings-Sommers.

Und Blühen ist Kämpfen?

Kämpfen und Freuen. Blühen ist unser Leben.

Schön sind die Blumen, klug sind die Blumen, dachte Maikind und wiegte und drehte sich. Wie der rote Appollofalter, der sich langsam von Blüte zu Blüte bewegte. Auch den Bläulingen und den Hummeln und Bienen folgte Maikind. Hin und her.

Wie drollig, wie anmutig! Seht, das Murmeltier tanzt ja, sagte der Bär; und er blieb stehen und ließ Maikind nicht aus den Augen.

Wer tanzt? quiekte die Maus, die in einem Winkel der großen Bärenhöhle zu Hause war.

Pst, nicht so laut. Murmeltiere sind scheu, brummte der Bär. Die gelbgraue Schneemaus flitzte zu ihm. Sie schickte die flinken Äuglein in die gleiche Richtung und piepste: Ja, wirklich. Es tanzt.

Mit einem zierlichen Satz gesellte sich der Schneehase zu den beiden.

Von wem sprecht ihr?

Der Bär hob mahnend die Tatze.

Pst, sagte die Maus und rannte um Hase und Bär herum. Rannte und wisperte:

Murmeltier kann tanzen,
eins und zwei
und drei und vier.
Murmeltier kann tanzen,
das kleine Murmeltier.

Der Schneehahn und das Schneehuhn, die wie der Hase bereits das braungemusterte Frühlingskleid trugen, unterbrachen ihren Spaziergang.

Oha! Was wird hier gefeiert?

Der Bär antwortete nicht. Er schaute. Einmal auf Maikind, dann auf die Maus. Stellte sich auf die Hinterbeine – und versuchte sich wie das Murmeltier zu wiegen und zu drehen.

Komisch … wie komisch der Riese schaukelt!

Die Maus quiekte vor Übermut.

Schneehahn und Schneehuhn legten den Kopf schief vor Staunen. Der Hase schoß Purzelbaum.

Rispen-
Steinbrech
Stengelloser
Enzian
Sodanellen

Himmelsherold
Berghahnenfuß
(Ranunkel)
Aurikel

Und der Bär brummte, alle Vorsicht vergessend: Murmeltier kann tanzen...

Die Wildziegen blickten voll Neugier aus der Ferne und flohen plötzlich die schroffe, fast senkrecht abfallende Klippe hinab.

Aus Furcht?

Sie waren so mutig und gewandt, daß sie hier oben niemanden zu fürchten brauchten.

Nein. Diese empfindsamen Tiere hörten Geräusche, sahen die Murmeltiere, die eben noch friedlich grasten, die Flucht ergreifen und setzten sich gleichzeitig in Bewegung.

Achtung, Maikind, mahnte Murmela, pfiffen die andern und verschwanden in der Erde.

Warum lauft ihr weg? Maikind blieb in der Haustür stehn.

Dummerchen. Weil Gefahr droht.

Was für Gefahr?

Murmela wies auf den Eingang des Bärenhauses.

Siehst du den zottligen Riesen dort vor der Felsenhöhle?

Ja und?

Komm schon, Kind, komm. Der Riese heißt Bär, und solche großen Tiere töten oft kleine, um sie zu verspeisen. Sogar Schafe und Ziegen sollen diese Bären manchmal von der Weide rauben.

Maikind schlüpfte ins Haus.

Wirklich? Warum tun sie das?

Sie haben halt großen Hunger.

Aber es gibt so viel Gräser und Kräuter, daß jeder genug finden kann.

Nun ja. Vielleicht lieben sie Fleisch.

Meins auch?

Maikind drängte zu Murmela.

Hab keine Angst. Hier sind wir sicher. Paß nur immer gut auf und vergiß nicht, was ich dir gesagt habe.

Sie warteten und lauschten; und als weit und breit nur noch das Singen und Summen der Hummeln und Bienen die Stille des

Berges durchdrang, spazierten die Murmeltiere wieder hinaus auf die Wiese. Tummelten sich und aßen.

So lebten sie zwei, drei, vier, acht Wochen, einen Hochgebirgsfrühling und -sommer lang. Und wurden rund und dick. Nur Maikind blieb schlank.

Es wird Herbst, und du bist zu dünn. Du willst doch leben. Du mußt mehr essen, damit du den langen Winter überstehst, sagten die Alten.

Maikind hörte nicht hin. Winter... was sollte das sein? Die Blumen hatten von Kälte gesprochen. Doch wer kann sie sich vorstellen, wenn er sie nicht gespürt hat?

Auch der Sommer hatte mitunter Wolken und heftigen Wind, Gewitter und Regen gebracht. Aber die Sonne war jedesmal wiedergekommen. Hell glänzend und warm.

Es ist Zeit, Heu zu ernten, sagten die Alten. Zupften und rupften Gras. Trockneten es. Packten es und stopften es sich ins Maul, um es durch den Hauptgang zum Schlafsaal zu tragen. Weich gepolstert sollte er sein. Damit sie nicht froren in der langen Winternacht...

Emsig wanderten sie und schleppten. Alle. Außer Maikind.

Was für eine Nacht? dachte es. Die Blumen hatten vom Kämpfen erzählt. Vom Kämpfen, das Blühen hieß. Von einer Nacht war keine Rede gewesen. Wir nutzen unsere Zeit und freuen uns des Lebens vom ersten bis zum letzten Tag, hatten sie gesagt.

Maikind wollte es machen wie die Blumen, die gerade jetzt, da alle vom Herbst sprachen, um so prächtiger leuchteten. Maikind glaubte den Alten nicht. Maikind vergnügte sich.

Es weiß ja noch nicht, was Winter ist. Ich arbeite für mein Maikind mit, sagte Murmela schließlich. Und zu Maikind: Spiele nur, spiele und iß tüchtig. Damit du dick wirst! Maikind spielte.

Da … eines Tages kam Sturm auf. Unversehens verdunkelte sich der Himmel. Ebenso plötzlich wirbelten, stoben, peitschten Flocken. Brauste und donnerte der Wind.

Die Blumen erschraken.

Die Tiere suchten Schutz.

In ihre Wohnung unter der Erde eilten die Murmeltiere.

Doch wo war Maikind?

Murmela pfiff.

Sie rannte durch Sturm und Gestöber. Pfiff und pfiff. Vergebens.

Vor einer Weile habe ich dein Kind noch gesehn, sagte ein kleiner Silberwurz am Rande des Sträucherwaldes.

Wo? Wohin ist es gegangen?

Ich weiß nicht. Ach, hätt' ich es doch gefragt, meinte der Silberwurz traurig.

Murmela strebte weiter.

Was machst du hier? riefen Schneehahn und Schneehuhn, die ihr begegneten.

Ich suche Maikind. Habt ihr's getroffen?

Das hübsche Junge? Och. Oh. Wir finden es. Geh links, wir laufen rechts herum.

Murmela ging. Ging und pfiff ohne Pause. Aber sie konnte im Wind- und Flockenwirbel schlecht sehen.

Vielleicht ist es längst zu Hause, tröstete sie sich und lief bergan. Wußte sie doch: Alle warten auf mich. Ich muß ihnen helfen, die Gänge und Türen zuzumauern, damit der Winter nicht hineinkann.

Maikind war nicht da.

Betrübt arbeitete Murmela mit den andern. Betrübt schlief sie ein. Wie mochte es Maikind ergehen?

Maikind begriff es nicht. Was für ein grausamer Wandel in dieser schönen Welt? War das der Winter?

Verzweifelt drückte es sich an die Erde, um nicht hinweggeweht zu werden.

Sturm und Schnee schlugen, stachen wie Nadeln.

Maikind sah nichts. Maikind konnte nicht weiter.

Ich ruhe mich aus. Ich schlafe ein bißchen. Wenn mir nur nicht so kalt wär'..., sagte es sich.

Aber je länger es so hockte im Treiben und Toben der Wolken aus Eis, desto wärmer schien ihm zu werden.

Und es schlief ein und träumte: von tiefblauem Himmel und goldener Sonne. Von Hummeln und Bienen und Faltern. Von Himmelsherolden und Steinbrech. Von Veilchen, Aurikeln, Kreuzblumen, Ranunkeln, Maßliebchen, Enzian und Täschelkraut...

Der große, starke Bär kam aus dem Walde heim.

Behende lief er bergan. Bis er mit dem Fuß etwas Weiches berührte. Da stutzte er.

Bin ich nicht eben an etwas gestoßen? Das war kein Stein, kein Fels ...

Er steckte die Nase in den frischen Schnee und brummte: So was ... das Maikind. Das kleine Ding hat sich im Unwetter verirrt. Was für ein Glück, daß ich gerade hier und nirgendwo anders meinen Weg nahm!

Behutsam hob er es mit dem Maule auf und trug es in sein Haus. Er legte das Murmeltier gerade auf sein Lager, als Schneehahn und Schneehuhn zur Tür hereinschauten.

Dürfen wir uns ein Weilchen bei dir ausruhn? Wir suchen Maikind. Aber... da ist es ja. Hast du's gefunden? Wo?

Nicht weit von hier. Im Schnee. Es wäre beinahe erfroren.

Ist noch ganz steif vor Kälte.

Er betrachtete es wie ein Arzt.

Außerdem ist es zu dünn, viel zu dünn. Habt ihr ein bißchen Zeit?

Oh... ah... nicht allzuviel. Wir müssen die Schneetunnel für unser Winterheim bauen... hm... och... vielleicht ist es auch noch nicht so eilig.

Schneehahn, ich laufe nur schnell mal hinunter. Ins Traubenland, um etwas Speise zu holen. Ich bitte euch, bleibt so lange hier und gebt acht, daß der Gast nicht wegläuft, wenn er aus der Ohnmacht aufwacht.

Schon gut. Wir passen auf.

Der Bär bettete Maikind ins Heu und ging.

Schnell mal ins Traubenland... oha... nur dieser Riese vermag es, sagte der Schneehahn zu seinem Huhn.

Da kam der Hase vorbei.

Wartet ihr auf den Bären? Er ist noch mal fortgegangen.

Wir wissen es, Hase. Wir halten Wache für ihn.

Wache? Warum?

Die Schneehühner zeigten dem Hasen das Murmeltier; und sie erzählten, was ihm widerfahren war.

Dumm... dumm... wie dumm, sagte der Hase.

Lieb ist es, piepte die Maus, die seit geraumer Zeit aus ihrem Loch sah.

Und sie scharten sich um Maikind, um auf sein Erwachen zu warten.

Schnee-
heide
Silberwurz

Kleine Glockenblume
Schwalbenwurz Enzian

Indessen kämpfte der Bär im Weinberg um Kopf und Kragen. Ein Bär! Schnell, fangt ihn! Fesselt ihn!

Aufgeregt rannten die Winzer mit Spaten und Knüppeln hinter ihm her. Wir umringen ihn! schrien sie siegesgewiß. Doch als sie glaubten, sie hätten ihn schon, entwischte ihnen der Riese.

Wie flink und gewandt sich der Dicke bewegte!

Enttäuscht sahen sie ihm nach, wie er, einen halben Weinstock im Maul, davonlief.

Ich habe es geschafft. Der Bär warf die Ernte ins Heu.

Und Maikind öffnete die Augen.

Schreck und Entsetzen malten sich sogleich darin.

W-wo bin ich?

Es setzte sich auf, hatte jedoch nicht Kraft genug, das Lager zu verlassen. Wie gebannt starrte es auf den Riesen.

W-was willst du von mir? Willst du mich fressen?

Maikind, brummte der Bär, so sanft er konnte. Ich fresse doch keine Murmeltiere.

Er frißt doch keine Murmeltiere, quäkte der Hase, gakelten die Hühner, piepste die Maus.

Maikind blickte ängstlich.

Murmela sagt, daß Riesen... wie du... kleine Tiere töten und... verschlingen.

So. Sagt sie das? Na ja. Dann und wann habe ich einen Verwandten gehabt, der so etwas getan hat. Außenseiter gibt's überall... gewissermaßen in jeder Familie.

Was mich betrifft – sei unbesorgt. Ich bin für grünes Gras und süße Beeren und Honig.

Wie ich? staunte Maikind.

Wie du, Murmeltier.

Und... warum hast du mich... hierhergebracht?

Der Bär wiegte den Kopf.

Was meinst du? brummte er gutmütig. Vielleicht will ich nicht mehr allein sein? Vielleicht hab ich mir schon lange so ein Maikind gewünscht...

Maikind schaute ungläubig zu ihm auf.

Der Bär hat dich vor dem Erfrieren bewahrt, er hat dir das Leben gerettet, erklärte die Maus. Und Schneehahn und Schneehuhn berichteten, wie es sich zugetragen. Hätte der Bär dich nicht gefunden, wärst du jetzt tot, sagten sie.

Tot... wie ist das?

Hm... ja... tot sein... wie ist das? wandten sich Schneehase, Schneehühner und Schneemaus an den Bären.

Der brummte: Wie es ist, weiß ich auch nicht. Aber so viel steht fest: Wenn ihr erst einmal tot seid, wächst kein Kraut mehr für euch. Dann seht ihr den Himmel, den Berg und die Sonne, die Wiesen, die Blumen nicht wieder, hört ihr weder Wind noch Biene oder Hummel.

Nichts? – Gar nichts?

Rein gar nichts.

Maikind blickte bekümmert.

Aber wir leben doch, sprach der Bär.

Er schob die Trauben näher zu Maikind hinüber.

Iß jetzt. Damit du dick und stärker als der Winter wirst...

Maikind fing an zu zittern. Hatte es doch am eigenen Leibe die Kraft des Winters erfahren.

Iß, iß, piepste die Maus.

Wir haben dich gern, sagte der Schneehahn; und seine Frau gickerte: Wir haben probiert, zu tanzen wie du.

Maikind staunte: Ich kann tanzen?

So: Links und rechts und eins und zwei...

Der Bär erhob sich auf die Hinterbeine und schaukelte hin und her.

Wie ulkig er aussieht! – Maikind kann's schöner. – Viel schöner! – riefen die Tiere.

Maikind begann sich zu wiegen.

Eins und zwei und drei und vier...

Ihm war, als spaziere es zwischen den Blumen umher. Und es vergaß seine Angst und Scheu. Griff nach den Trauben und aß.

Und so geschah es nun jeden Tag. Maus, Hase und Hühner erschienen, um mit Maikind zu plaudern. Der Bär suchte Wein-, Preisel- oder Moosbeeren für seinen Gast.

Das Murmeltier erholte sich. Wurde dicker und immer vertrauter mit dem Bären.

Schlaft gut, sagte schließlich die Maus und zog sich in ihr Mäusehaus zurück.

Bis zum Frühling, sagte der Hase, sprachen die Hühner, und sie gingen heim in ihre Schneewohnungen.

Der Bär versperrte dem Winter den Eingang. Und dann betteten sich beide, Bär und Murmeltier, ins Heu und schliefen.

Die karge Zeit des neuen Frühjahrs war vorüber. Die Murmeltiere fanden wieder Kräuter und Klee und Gras die Fülle.

Der Schneehase und die Schneehühner trugen ihr Sommerkleid.

Der Bär hatte die Tür geöffnet und seine Spaziergänge in den Wald am Berg aufgenommen.

Maikind schlief.

Wann wacht es endlich auf? fragten Maus, Hase, Hahn und Huhn, die immer mal zu ihm hereinsahen.

Dann – draußen war es wunderhell – öffnete Maikind die Augen. Es schaute von einem zum andern.

Ist etwa schon Blumenzeit? sagte es.

Und was für eine! Es duftet nach Blütenhonig und Gräsern, rief der Bär, der gerade heimgekehrt war. Und Maus, Hase, Hahn und Huhn schwatzten durcheinander: Die Sonne glänzt über dem Berg. – Der Himmel ist blau. – Die Matten schimmern grün. – Die Blumen sind aufgeblüht. – Die Bienen und die Hummeln singen. – Die Schmetterlinge flattern.

Ist der Apollo auch da? fragte Maikind.

Asseln, Ameisen, Raupen und Falter die Menge, antworteten die Schneehühner.

Maikind sprang auf und lief zum Ausgang der Höhle.

Der Bär hielt es zurück.

Siehst du dort oben in der Luft die schwarzen gewaltigen Schwingen des Adlers?

Maikind guckte und nickte.

Vor dem sei auf der Hut. Der ist ein Murmeltierfresser. Was er mit seinen scharfen Augen entdeckt, darauf stößt er nieder, um es zu packen. Und niemand kann es ihm entreißen, sagte der Bär.

Maikind drückte sich an ihn.

Hab keine Angst. Ich bin ja bei dir. Und nachher bringen wir dich zu deiner Familie.

Troll-
blume
Stengelloses
Leimkraut
Gelb-
Veilchen
Alpen-
Anemone

Felsen-Segge
Kreuzblume
Alpen-Maßliebchen
Berg-Nelkenwurz

Nach Hause! Maikind freute sich.

Und so spazierten sie los. Allen voran die Maus, danach Hahn, Huhn und Hase und hinter ihnen der Bär mit dem Murmeltier.

Sie hatten aber die Höhle kaum hinter sich, da pfiff es von allen Seiten: Achtung! Versteckt euch!

Und verschwunden waren die Murmeltiere in den Haupt- und Nebeneingängen ihrer Höhlen.

Ihr Angsthasen! rief der Hase.

Kann ich jetzt nicht mehr nach Hause? fragte Maikind erschrocken.

Warte, sprach die Maus. Vor mir hat keiner Angst. – Und sie flitzte zum Tunneltor, aus dem ein Murmeltier lugte.

Nun seid mal gescheit, piepste sie. Glaubt ihr, bei einem gefährlichen Riesen gehen wir Kleinen ein und aus? Dieser Bär ist ein Freund.

Woran erkennen wir, daß das so ist?

An dem, was er getan hat. Wißt ihr nicht, daß euer Maikind ohne ihn längst nicht mehr auf unsrer schönen Erde wär'? Murmela streckte den Kopf ein Stückchen weiter heraus.

Maikind lebt?

Ja, hört zu. – Die Maus erzählte die Geschichte.

Da verließ die erfahrene Murmela das Haus, und die anderen folgten ihr.

Im Halbkreis setzten die Murmeltiere sich in das blumengeschmückte Geröll und schauten staunend Maikind und dem Riesen entgegen.

Auch die Wildziegen wunderten sich. So sehr, daß sie nahe, ganz nahe herankamen. Was würde hier geschehn?

Mach's gut, sagte der Bär zu seinem Schützling.

Du gehst fort? Fort von mir? Willst du wieder allein sein? fragte Maikind.

Ich muß in den Wald.

Warum? Jetzt gibt es hier Speise genug.

Der Bär wiegte den Kopf und brummte: Ich habe ein Honighaus entdeckt... und... außerdem muß ich mich umgucken... nun, da es Sommer wird...

Umgucken? Wonach?

Nach einem Bärenmann.

Einem Mann? Warum? wollte Maikind wissen.

Ich bin eine Bärenfrau, die ihr Kind verlor – wie deine Mutter Murmela. Und ich will wieder Hochzeit feiern... damit ich kleine Bären bekomme... einen, zwei oder drei.

Maikind sah seinen Bären, der eine Bärin war, groß an.

Die nickte zum Abschied. Trollte sich und trottete talwärts. Maikind blickte ihr lange nach.

Dann aber rannte es mit den anderen Murmeltieren und labte sich an Gräsern, Stauden und Klee.

ISBN 3-7302-0183-2

1. Auflage
Druckgenehmigungsnummer: 715/9/87
LSV: 7853
Printed in the German Democratic Republic
Gesamtherstellung:
Grafischer Großbetrieb Sachsendruck Plauen
Bestellnummer: 683 618 8
Lektor: Irene Kahlau
Gestaltung: Hans-Eberhard Dahlke
Für Leser von 6 Jahren an
00820